CATALOGUE

D'UNE MAGNIFIQUE COLLECTION

DE TABLEAUX,

D'UN RICHE MOBILIER,

ET D'UNE BELLE ET NOMBREUSE PARTIE D'OBJETS D'ART ET CURIOSITÉS;

CATALOGUE

D'UNE MAGNIFIQUE COLLECTION

DE

TABLEAUX,

D'UN RICHE MOBILIER,

ET D'UNE BELLE ET NOMBREUSE PARTIE

D'OBJETS D'ART ET CURIOSITÉS,

Par suite du décès de feu M. le comte d'O..., ancien gentilhomme de Mgr le duc de Penthièvre,

ET PROVENANT EN PARTIE DU CHATEAU D'EU,

Dont la vente aura lieu les Lundi 23, Mardi 24 et Mercredi 25 Novembre 1835, matin et soir, à l'hôtel des ventes publiques, place de la Bourse, salle n° 1, au premier,

Par le ministère de M° BENOU, Commissaire-Priseur, Rue Taranne, N° 11,

Assisté de M. HUE, Artiste-Sculpteur en ivoire, quai Malaquais, n° 3,

CHEZ LESQUELS SE DISTRIBUE LE PRÉSENT CATALOGUE.

Il y aura Exposition publique le Dimanche 22, de midi à quatre heures, et le soir, aux lumières.

PARIS,

IMPRIMERIE DE BEAULÉ ET JUBIN,

RUE DU MONCEAU SAINT-GERVAIS, N° 3.

1835.

D05617

ORDRE DES VACATIONS.

DIMANCHE.

Exposition de midi à quatre heures; le soir, de six à dix heures.

LUNDI, *à midi.* — 1re VACATION.

Curiosités et Objets d'art.

MARDI, *à midi.* — 2e VACATION.

Meubles, Soieries, Tapisseries.

MARDI, *soir.* — 3e VACATION, s'il y a lieu.

La suite des Curiosités.

MERCREDI, *à midi.* — 4e VACATION.

Tableaux.

Cette vacation étant très-chargée, on commencera à midi précis, et elle continuera le soir, s'il y a lieu.

Nota. Tout étant pour être vendu, s'il restait des objets qui ne le fussent pas, on ferait une dernière vacation Mercredi soir, pour finir entièrement.

AVERTISSEMENT.

La belle Collection, le riche Mobilier et la brillante partie de Curiosités et Objets d'art que nous avons l'honneur de présenter aux amateurs, et dont la vente nous est confiée, provient, en grande partie, d'un legs fait à M. le comte d'O. par M. le duc de Penthièvre, dont il était gentilhomme; plusieurs autres Objets provenant de la famille ont été ajoutés à ce legs, et ont accru et embelli la Collection. Nous la présentons telle qu'elle nous a été confiée, c'est-à-dire après avoir fait mettre en état un grand nombre d'objets qui étaient tellement détériorés, qu'à peine si on les reconnaissait. Depuis un an que cette Collection nous a été remise, nous avons, et d'après les ordres donnés, préparé et remis en état tous ces objets. Nous avons agi à la satisfaction du propriétaire, puissions-nous avoir la même satisfaction de la part du public, et nos vœux seront remplis.

Quoique remis à neuf ou en état, tous ces objets divers sont purs. Les tableaux sont nettoyés et revernis, mais non repeints; on n'en trouvera pas un surchargé de couleurs à n'en plus voir le maître; au contraire, persuadés que nous sommes de la bonté des tableaux, nous n'avons pas hésité à les découvrir et à en faire voir toutes les beautés; les amateurs pourront alors juger en connaissance de cause, et voir par leurs yeux l'objet qu'on leur présente. Nous n'avons pas la prétention de don-

...er des leçons ni d'en remontrer à ceux qu,
savent plus que nous ; mais nous mettons, comme
d'habitude, de la loyauté, de la franchise dans
nos assertions. Nous avons laissé aux tableaux les
noms sous lesquels ils étaient connus ; et si nous
eu avons changé quelques-uns, c'est d'après l'avis
et la connaissance de personnes capables et en état
de le faire.

Le Mobilier est tellement riche et beau qu'il ne
peut manquer de plaire, et nous avons la satisfaction de penser que chacun n'y reconnaîtra pas
sa marchandise ou celle de son voisin : tous ces
objets étaient enfouis et n'avaient pas vu le jour
depuis long-temps ; ainsi ils seront neufs pour les
amateurs et pour les marchands. Nous ne don-
nons pas de détails ici sur aucun, ce ne serait
qu'une répétition du Catalogue, et toutes les
pièces étant également belles sans être d'une égale
valeur, elles méritent d'être vues à l'exposition
dont l'ensemble sera satisfaisant, étant composée
d'un nombre infini de beaux objets et de belles
marchandises.

Nous assurons ici, et nous le disons sans crainte
d'être démentis, tous ces objets sont pour être
vendus à la chaleur des enchères ; notre devoir,
à nous, est de chercher à bien vendre, nous le
remplirons autant que cela sera en notre pouvoir.
Si nous avons erré sur le nom ou la qualité de
quelques-uns de ces objets, nous désirons qu'on
nous en fasse apercevoir, et nous rectifierons notre
jugement sur celui de gens plus éclairés, cherchant à bien vendre mais non à tromper,

CATALOGUE

D'UNE MAGNIFIQUE COLLECTION

DE TABLEAUX,

D'UN RICHE MOBILIER,

D'OBJETS D'ART ET CURIOSITÉS.

---

1. ALBANE (François).

Le Triomphe d'Amphytrite.

Belle et riche composition composée de quinze figures. La déesse assise dans une conque traînée par des tritons, est accompagnée par des amours, des néréides et des dieux marins; sur le devant, une nymphe lui offre des perles qu'elle vient de retirer du sein des eaux; à droite, Neptune, monté sur un cheval marin, paraît surpris et ébloui à la vue de tant de charmes; dans le haut, des amours voltigeant soutiennent la draperie qui la cachait aux regards; au loin, Polyphême sur son rocher se trouve malheureux de n'avoir qu'un œil pour contempler ce spectacle enchanteur. La beauté du coloris, le moelleux de la composition, le beau faire, le ton harmonieux et brillant de ce tableau le feront valoir aux yeux des amateurs.

Toile. Largeur, 49 pouces et 1/2; hauteur, 37 pouces.

2. DU MÊME.

Persée et Andromède.

Agenouillée sur un rivage entouré d'eau, n'ayant comme Vénus pour vêtement qu'une ceinture de gaze, elle jette des yeux effrayés sur le monstre qu'elle voudrait repousser, et qui vient la dévorer. A gauche, sa famille éplorée se plaint, se désespère, implore l'assistance de Persée, paraissant dans les airs, monté sur le cheval Pégase, et portant la tête de Méduse. Cette composition, riche, poétique, et de la plus grande beauté, est un chef-d'œuvre en son genre pour la grâce, la finesse, le beau faire, et par son coloris plein d'harmonie; de plus grands éloges ne pourraient rien y ajouter, et ces deux beaux tableaux peuvent s'en passer, étant d'une qualité et d'une conservation telles qu'on en voit rarement dans le commerce.[1]

Nous leur laissons les noms sous lesquels ils étaient connus, avouant ne pouvoir leur en donner d'autres. Quelques personnes les regardaient d'abord comme étant de Romanelli; mais au premier examen, cette opinion n'a pu se soutenir; Romanelli est moins pur, moins correct, plus heurté dans ses tons; ici, les formes sont si gracieuses, les contours si moelleux, que cette opinion n'a pu rester long-temps. C'est donc au public, et au public savant, que nous laissons à juger, persuadé que quelque soit le nom qu'on leur donnerait, ils seront toujours admirés et regardés comme des ouvrages de première classe.

Toile. Largeur, 49 pouces et 1/2; hauteur, 37 pouces.

3. ANGEL (D.) Signé.

Le petit Marchand de Gibier.

Sur une longue table en pierre sont posés un lièvre et différentes pièces de volaille, une autre est pendue à la muraille; à gauche est placé un jeune garçon tenant à la main droite une perdrix qu'il indique avec l'autre main. Cette figure, vue à mi-corps, est d'un bel empâtement, d'une belle couleur, et nous paraît beaucoup ressembler au Naip. Le gibier est très-bien rendu, d'un faire savant, les plumes rendues avec beaucoup d'esprit et de légèreté, les différentes espèces sont bien distinctes. En général, cette belle composition mérite de fixer les regards des connaisseurs par son beau faire et sa belle couleur.

Toile. Largeur, 58 pouces; hauteur, 41 pouces et 1/2.

4. BEGYN (Abraham).

Repos d'Animaux.

Belle et riche composition qui rappelle bien le style et la manière de faire de Berghem, dont il était un des premiers imitateurs. Dans une prairie, sur le bord d'un ruisseau, un pâtre, assis sous un grand arbre, joue de la musette; devant lui, une bergère trait une brebis; d'autres animaux se reposent sur le gazon; plus loin, sur la droite, deux paysans conduisent une charrue tirée par des bœufs; au loin, un vaste paysage borné par des collines verdoyantes. Le ton, la couleur, le faire un peu lâché, tout indique le maître; le ton en est fin et harmonieux, la couleur fraîche et brillante, et la touche des figures et animaux dénote bien la grande école.

Toile. Largeur, 39 pouces; hauteur, 46 lignes et 1/2.

5. BERGHEM (Nicolas), en Italie.

L'Apparition aux Bergers.

Assemblés au pied de la montagne où parle une voix divine, le peuple de Dieu écoute cette parole qui lui annonce la venue du messie tant désiré. Des anges et chérubins entourent et font une gloire autour du Très-Haut, les assistans expriment sur leurs figures la sensation qu'ils éprouvent; la surprise, la joie, une espèce d'extase les animent; des groupes nombreux d'animaux entremêlés au milieu d'eux ajoutent à l'intérêt que cette scène mystique inspire, jamais Berghem n'a mieux fait les figures que dans cette composition qu'on peut à tous les égards appeler divine; dans ce pays, ce grand artiste a quitté sa manière ordinaire, ce n'est plus des prés des bois, des rivières, le caractère religieux s'est emparé de lui, et lui aussi a voulu célébrer la gloire du Seigneur; mais ce qu'il n'a pas abandonné, c'est sa touche suave et moelleuse, ce pinceau qui sait donner la vie aux chèvres, aux moutons, et aux animaux domestiques, nous le reconnaissons dans tous les détails de ce bel ouvrage dont le beau faire le ton brillant et harmonieux est au-dessus de tous les éloges que nous pourrions en faire.

Toile. Largeur, 43 pouces; hauteur, 34 pouces.

6. BLANKHOF (JEAN-ANTOINE).

Une Tempête.

Un navire presque démâté est battu par la mer en furie, qui menace de le jeter sur les rochers où l'on aperçoit le haut du mât d'un autre qui vient d'y périr, cet artiste en ne se livrant qu'à ce genre de sujet y a excellé, et celui-ci est d'une vérité frappante.

Bois. Largeur, 17 pouces; hauteur, 14 pouces.

7. BOUCHER (FRANÇOIS).

Vénus et l'Amour endormis.

Tableau du plus beau faire de ce maître, d'une couleur suave et moelleuse, la pureté du dessin, la suavité des contours, la beauté des formes, tout assure à ce beau tableau une place distinguée dans une galerie; son coloris brillant et le gracieux des poses le feront remarquer par les amateurs.

Toile. Largeur, 38 pouces; hauteur, 26 pouces.

8. DU MÊME.

Pendant du précédent.

Encore une de ces gracieuses compositions qui, malgré tout ce que l'on a dit de ce maître, sont et seront toujours de mode, et cela se conçoit; la beauté et le charme des poses, la mobilité et la grâce du sujet, la belle couleur et le ton harmonieux, tout concourt à donner un sel et un piquant à ces tableaux qui les rendent agréables aux amateurs.

Toile. Largeur, 38 pouces; hauteur, 26 pouces.

9. BOURDON (Sébastien).

La Sainte Famille.

La Vierge, l'enfant Jésus et le petit saint Jean; tableau fait entièrement dans la manière italienne, d'une facture large, moelleuse et pleine de grâce, d'une belle couleur, et les draperies engeancées d'une manière savante.

Toile. Largeur, 14 pouces; hauteur, 16 pouces.

10. BREUGHEL (Jean, dit de Velours).

Le Marché aux Bestiaux.

Riche et belle composition représentant un village traversé d'une rivière sur laquelle est un pont; une quantité considérable de jolies figures ornent et animent cette charmante composition qui demanderait une longue description s'il fallait détailler tous les épisodes dont ce sujet se comporte, soin que nous laissons aux amateurs qui ne manqueront pas de l'examiner bien en détail.

Toile. Largeur, 22 pouces; hauteur, 16 pouces.

11. BREYDEL (Charles).

Vue des Bords du Rhin.

Deux beaux paysages faisant pendans, d'une couleur fraiche et harmonieuse, représentant des sites riches et variés, embellis de monumens d'architecture, de barques et navires; des groupes nombreux de figures et animaux animent ces jolies compositions dont le ton clair et fin ne peut manquer de plaire aux amateurs.

Toile. Largeur, 22 pouces; hauteur, 15 pouces.

12. BRIL (Paul).

L'Embuscade.

Belle, grande et riche composition représentant le carrefour d'une forêt. Des malfaiteurs se sont embusqués aux quatre issues, et se jettent tous ensemble sur un cavalier qui traverse ce bois, l'un menace le cheval avec sa lance, et les autres le cavalier avec leurs arquebuses, tandis qu'un cinquième sort d'un massif de grands arbres pour se joindre à eux; ce beau tableau du plus beau faire, et du meilleur temps de ce maître, peut rivaliser avec ceux du musée, surtout étant orné par d'aussi belles figures qui sont également de lui; sa conservation est parfaite.

Toile. Largeur, 61 pouces et 1/2; hauteur, 37 pouces 3 lignes.

13. CHAVANNE. (Pierre Domachin de).

Le Berger et son Troupeau.

Paysage dans le style du Claude, représentant un site montueux et boisé, avec un château-fort sur la gauche, à droite une campagne qui s'étend à l'horizon; l'effet qui éclaire les figures est très-bien rendu; le ton chaud, vaporeux et plein d'harmonie de cette composition ne peut manquer de la faire remarquer.

13. Toile. Largeur, 26 pouces; hauteur, 19 pouces.

14. COQUES (Gonzalès).

Portraits de Famille.

Groupe de quatre figures placées dans un bosquet de chèvre-feuille. Un homme debout en cueille pour sa femme et ses deux filles placées près de lui. Voici un tableau qui mérite toute l'attention des connaisseurs, par son beau faire et sa belle couleur; il serait difficile de rendre avec plus de vérité la nature; ce tableau dessiné dans la perfection, est d'une extrême finesse et rappelle d'une manière frappante le beau tableau du musée représentant la famille d'Ostade; on peut dire de celui-ci qu'il ne le cède en rien à l'autre pour le beau faire, la finessse des tons et la grâce des poses, les étoffes surtout sont rendues avec une rare perfection, et donnent la preuve que cet artiste perfectionnait autant ses grandes compositions que les petites; dans celles-ci les figures sont grandes comme nature.

Toile. Largeur, 51 pouces et 1/2; hauteur, 68 pouces et 1/2.

15. CUYP (Albert).

Portrait d'un Magistrat.

Ce tableau, d'une belle exécution et d'une finesse sans égale, est modelé dans la perfection; la supériorité de ce maître a de tout temps été reconnue, et il est presque le seul dont les portraits se sont toujours maintenus à un prix très-élevé. Celui-ci est un chef-d'œuvre; la conservation en est parfaite.

Toile. Largeur, 25 pouces et 1/2; hauteur, 31 pouces.

16. DU MÊME.

Portrait d'une D oe .

Elle est vêtue de noir, avec pelisse bordée de fourrures, et porte une collerette très-large et très-épaisse coiffée d'un très-petit bonnet de gaze noire sur la tête; s'il était possible de faire mieux que la perfection, nous dirions que ce portrait est plus beau que le précédent auquel il fait pendant comme le prouvent les armoiries placées dans le haut de la toile, celles de la femme étant encartelées de celles du mari et portant le même numéro à la suite de la signature. Nous pensons que ces deux chefs-d'œuvre ne pourront manquer de fixer les regards par leur pureté et leur parfaite conservation.

Toile. Largeur, 25 pouces 1/2 ; hauteur, 31 pouces.

17. GUYP (Albert) Signé.

Une grotte.

Composition d'un beau faire, originale et bien conservée; un jeune homme vêtu d'un costume albanais, qui paraît être un chasseur, comme l'indique le carquois qu'il porte et le lévrier placé près de lui, paraît surpris à l'aspect d'une statue et d'un buste qui décore l'entrée de la grotte où il se repose, plus loin on voit un cavalier et un chasseur accompagnés aussi de leurs chiens; au fond un château-fort bâti sur une montagne borne la vue, des plantes rampantes touchées avec beaucoup de finesse ornent et garnissent les premiers plans; le ton, la touche et la couleur de ce tableau en garantiraient bien l'originalité, quand bien même il ne porterait pas la signature du maître.

Bois. Largeur, 27 pouc. et 1/2; hauteur, 20 pouces et 1/2.

55

18. DECKER (Cornille).

Paysage-Marine.

Ce tableau, signé du monogramme de l'artiste, ne peut manquer d'attirer les regards des amateurs, tant par son beau faire que par sa rareté et l'originalité de sa composition. Les fonds, qui réssemblent à Ruisdael, sont d'une beauté que ce maître ne désavouerait pas, non plus que la transparence des eaux, qui sont faites dans la perfection. La grande quantité de figures et animaux qui ornent et animent cette jolie composition, ajoute encore à l'intérêt en y jetant un piquant et une variété qui font plaisir à l'œil, et accroît l'intérêt qu'on ne peut s'empêcher d'y porter; si l'on joint à cela le mérite d'une grande pureté et d'une parfaite conservation.

Bois. Largeur, 23 pouces; hauteur, 17 pouces et 1/2.

19. DEHEM (Jean-David).

Un Buffet garni.

Composition des plus riches et des plus capitales de ce maî-tre, offrant une réunion considérable de fruits, fleurs, plats, coupes, vases, etc., posés sur un buffet avec de riches dra-peries. Le ton fin et brillant, la finesse de l'exécution, la belle facture de ce tableau, lui assurent une place distinguée dans telle galerie que ce soit, étant vraiment un chef-d'œuvre de grâce et de perfection.

Toile. Largeur, 64 pouces 1/2; hauteur, 43 pouces et 1/2.

28. DENNER (Balthazar).

Le Vieux Musicien.

Assis devant une table sur laquelle est son pupitre et de la musique, il est en train d'accorder son violon. Sur un papier posé sur le bord de la table, on lit le nom de Denner. Quand cette signature n'y serait pas, la finesse et le beau faire de ce petit tableau ne laisseraient aucun doute sur son originalité.

Toile. 11 pouces 3 lignes; hauteur, 14 pouces.

21. DESPORTES (Claude-François).

Nature morte.

Groupe de gibier et de légumes posés sur les marches d'un vestibule, parmi lesquels on remarque un lièvre, un canard, un faisan et autres pièces attachées après un fusil. Placés au-dessus, plusieurs pieds de céleri, chou et divers autres objets ornent ce tableau, d'une belle couleur, d'une grande finesse, et très-riche de composition.

Toile. Largeur, 41 pouces; hauteur, 54 pouces.

22. DUCQ (Jean) Signé.

Scène d'intérieur.

Un officier, assis près d'une table, tend son verre à un serviteur placé devant lui, qui le sert le chapeau à la main, derrière lui. Une jeune dame debout s'appuie familièrement sur son épaule. Dans le fond, un autre cavalier regarde un couple assis faisant de la musique. Offrir un tableau de ce peintre, dont les ouvrages originaux sont très-rares, est une bonne fortune pour nous, surtout comme celui-ci, d'une couleur brillante, très-fine d'exécution et d'une conservation parfaite.

Bois. Largeur, 19 pouces; hauteur, 14 pouces.

23. DU SART (Cornille).

Un Village Flamand.

Cette composition naïve et gracieuse représente une place dans l'intérieur d'un village où un grand nombre de personnages se reposent et s'occupent diversement. Ce peintre, un des premiers élèves d'Ostade, a quelquefois approché de son maître, en étudiant comme lui les mœurs et coutumes des villageois, et le tableau que nous offrons ici aux regards est un de ceux où il a le mieux réussi.

Bois. Largeur, 19 pouces et 1/2; hauteur, 13 pouces et 1/2.

24. FRAGONARD (Honoré).

Le Fleuve Scamandre.

Abritée par une grotte mystérieuse et loin des regards profanes, une jeune beauté se livre aux délices du bain dans le sein d'une onde claire et pure. Mais qu'y a-t-il de caché aux Dieux? Un jeune gars, la tête couronnée de roseaux, s'approche, et, sous le costume du demi-dieu, espère obtenir la félicité qui leur est réservée, un beau paysage que l'on aperçoit à gauche embellit et complète cette charmante composition.

Toile. Largeur, 27 pouces; hauteur, 23 pouces.

25. DU MÊME. (Pendant du précédent).

La Clochette.

La fillette a égaré sa vache, de doux pensers d'amour l'absorbaient; son amant en dérobant la Clochette a su, par le son doux et argentin du fatal objet, l'attirer au fond des bois, il le lui rendra, mais en échange d'un bijou bien plus précieux. Ces deux charmans Contes du Bon Homme sont si jolis, ces deux tableaux sont si gracieux, qu'ils nous font sentir la faiblesse de notre description; aussi, pour y suppléer, nous prions messieurs les amateurs de relire les contes d'examiner ces deux charmans tableaux, et nous sommes persuadés qu'il leur prendra envie de les posséder.

Toile. Largeur, 27 pouces; hauteur, 23 pouces.

26. FRANCK (François).

Le Portement de Croix.

Le Christ affaissé succombe sous le poids de l'instrument de son supplice; il est précédé des deux larrons qui marchent à nu, les mains derrière le dos. La grande quantité de personnes qui se dirigent vers le Calvaire, qu'on aperçoit au fond, ornent et enrichissent ce tableau d'une façon extraordinaire; la touche en est fine, moelleuse et d'une belle couleur; un dessin pur et correct, de jolies mains et des physionomies gracieuses contribueront à le faire remarquer avantageusement des connaisseurs.

Cadre. Largeur, 18 pouces 8 lignes; hauteur 13 pouces.

27. GOUASPRE POUSSIN.

Paysage historique.

Site âpre et montueux pris dans la campagne de Rome. Le milieu du tableau est occupé par un château fort environné de bâtimens, plus loin on voit une ruine sur le haut d'une montagne; au premier plan, près du chemin, une figure assise (qu'on pourrait croire du Poussin, par son beau faire), se repose appuyée sur une pierre. La composition simple et pleine d'harmonie, le site sévère et grandiose de ce bel ouvrage le feront distinguer avantageusement par les connaisseurs.

Toile. Largeur, 45 pouces 1/2; hauteur, 35 pouces 1/2.

28. HELMONT (Mathieu Van).

Le Philosophe dans son laboratoire.

Tableau de la plus riche composition, par la diversité des objets dont il est enrichi; à gauche on voit le philosophe assis devant une table surchargée d'ustensiles, qui, comme le reste de la salle, est encombrée d'objets divers; au fond, à droite, un homme à une lucarne, et une vieille femme entrouvrant la porte, regardent des élèves diversement occupés de leurs travaux. Ce tableau, plein de finesse, d'une exécution parfaite, d'un ton de couleur blond et doré où la lumière est savamment distribuée, mérite de fixer l'attention des amateurs par sa belle conservation.

Toile. Largeur, 35 pouces; hauteur, 26 pouces.

29. HOUT (MD). Signé.
Intérieur de Cabaret.

Autour d'une table ronde qui occupe le milieu de la salle, sont réunis deux couples amoureux; celui de gauche, vieillard barbu, prend le menton d'une femme déjà sur le retour, qui tient dans sa main un verre plein; en face à droite, une vieille femme fait des avances à un jeune homme, derrière eux un musicien fait danser un autre couple qu'on voit dans le fond. Ce tableau, orné d'ustensiles très-bien touchés, est d'une belle couleur, bien empâté, les poses en sont naturelles, d'une piquante originalité, et peint largement d'une manière toute rembranesque.

Bois. Largeur, 19 pouces 10 lignes; hauteur, 16 pouces 1/2.

30. HUISUM (Jean, Van).
Groupe de Fleurs et de Fruits.

Sur le sable fin d'un jardin, près d'un buisson, sont groupés différens fruits, raisins, pêches, melons, dont un ouvert en quatre et dont on voit l'intérieur; le tout est surmonté de belles fleurs, roses, pavots, anémones, etc., que des papillons viennent caresser. Cette magnifique composition, faite sur un fond de paysage clair, est d'un faire suave et moelleux, plein de grâce; ici nous n'avons pas la magie d'un fond noir pour faire valoir le coloris, et cependant le coloris est d'une beauté sans égale, brillant et plein de fraîcheur. Malgré que ce tableau ne soit pas dans la manière ordinaire du maître, étant touché, plus largement, on reconnaîtra facilement sa touche et sa couleur.

Toile. Largeur, 31 pouces ; hauteur, 41 pouces 4 lignes.

31.   DU MÊME. (Signé.)

Groupes de fruits.

Près du péristyle d'un palais, des fruits divers sont amoncelés et groupés d'une manière pittoresque et agréable, et font présumer que c'est le choix de ce qu'il y avait de plus beau au jardin qui est réuni à cette place ; cette pensée se trouve justifiée en voyant la fraîcheur, la grâce, le velouté et la transparence de ces fruits. La manière fine et légère et la belle couleur de cette charmante composition rend tout éloge inutile.

Toile. Largeur, 17 pouces 1/2 ; hauteur, 14 pouces.

32.   KALF (Wilhelm-Guillaume.)

Nature morte.

Tableau d'un beau faire et d'une belle couleur, représentant divers objets posés sur une table ; tels qu'une belle soupierre en or ciselé et son couvercle renversé, tous deux remplis de sucre et de citron ; devant est un couteau à manche d'ivoire et un plat d'argent gravé rempli de divers ustensiles ; derrière on aperçoit une cruche et deux verres, dont un à vin de Champagne ; ce tableau mérite de fixer l'attention des amateurs.

Toile. Largeur, 27 pouces ; hauteur, 32 pouces.

33.   KIERINGS (Van Balen et Van Kessel.)

Le Paradis terrestre.

Belle et riche composition représentant un paysage boisé orné de figures et animaux. L'instant choisi par l'artiste qui a peint la figure, est celui ou Ève recevant la pomme la remet à

Adam; le paysage offre une grande quantité d'arbres qui tous sont feuillés d'une manière à distinguer les espèces à la première vue; la variété n'est pas moins grande dans les animaux, qui sont touchés avec une finesse et une légèreté sans égale et nous pouvons dire ici que les artistes se sont réunis pour faire un petit chef-d'œuvre de grâce et de vérité.

Bois. Largeur, 27 pouces; hauteur 20 pouces.

34. KNIP (Signé).

Fleurs.

Un pavot, des roses, tulipes et autres Fleurs groupées sur une table de marbre; tableau de la plus grande finesse, d'une touche savante, légère, et d'un coloris plein de fraîcheur.

Bois. Largeur, 12 pouces et 1/2; hauteur, 8 pouces. et 1/2.

LARGILLÈRE (Nicolas).

La Duchesse de Bourgogne.

Portrait en buste de cette princesse; elle est coiffée en cheveux et vêtue d'une robe en soie bleue bordée et garnie de riches dentelles et ornée de pierreries; ce portrait d'une couleur fraîche et gracieuse, ne peut manquer d'attirer les regards par son beau faire et par la jolie femme dont il offre l'image.

Toile. Largeur, 22 pouces; hauteur, 27 pouces et 1/2.

LEMAY (Ovide.) Signé.

Une Marine.

Une mer légèrement agitée. On voit sur le devant un gros navire sur le pont duquel les matelots travaillent à divers ouvrages; au fond, des deux côtés, sont deux autres navires; ce tableau très-original dans son genre, du plus beau faire, est remarquable en ce qu'il est fait à la plume; les ouvrages de cet auteur sont assez rares et cependant connus par quelques amateurs; ils sont très-recherchés en Hollande, où on les vend fort cher; nous sommes heureux de pouvoir offrir celui-ci aux amateurs.

Bois. Largeur, 18 ponces et 1/2; hauteur, 14 pouces.

37. MARATE (Carle).

L'Adoration des Mages.

La Sainte-Vierge assise, et tenant l'enfant divin sur ses genoux, reçoit les offrandes des rois mages; délicieuse petite composition, d'une touche suave et harmonieuse, d'un dessin pur et correct; la manière savante et moelleuse dont les draperies sont touchées, le gracieux des poses, le charme naïf des figures, tout, dans ce joli tableau, concourt à démontrer son originalité, qui est attestée par la gravure qui y est jointe. On nous a assuré que ce petit chef-d'œuvre était la première pensée du grand tableau que représente la gravure; ce qui vient à l'appui de cette opinion, ce sont de légères différences qui existent et qu'il n'y aurait pas si on eût copié.

Cadre. Forme cintrée du haut. Largeur, 7 pouces 8 lignes; hauteur, 14 pouces.

38. MARTIN.

Choc de Cavalerie.

Escarmouche de Chrétiens contre des Turcs, près de la porte d'une ville. Ce tableau, peint avec toute la force et l'énergie connues de ce maître, est d'une touche vigoureuse, d'un dessin pur et correct, et d'une bonne couleur. La vérité avec laquelle cette action est rendue mérite de fixer les regards.

Toile. Largeur, 47 pouces; hauteur, 37 pouces.

39. MESSIS (Quentin), dit le MARÉCHAL D'ANVERS.

Le Philosophe en méditation.

Assis devant une fenêtre, un livre devant lui, et le doigt appuyé sur une tête de mort, peut-être le vieil homme réfléchit-il sur les passions du jeune âge, qui de forgeron l'ont fait peintre habile, donnant à cette main habituée aux ouvrages les plus grossiers une légèreté incompréhensible. Près de lui on voit un panier, un chaudron, un chou et divers objets touchés avec toute la finesse qui distinguent cet artiste. Le ton clair et la lumière bien ménagée de cette composition justifie tout l'intérêt que l'on portait à ce tableau qu'on a jugé assez précieux à conserver pour le faire enlever de dessus bois et le remettre sur toile.

Toile. Largeur, 18 pouces; hauteur, 24 pouces.

40. MICHAU (Théobald).

Le Passage du Gué.

Riche paysage boisé, entrecoupé de rivières, où l'on voit au milieu un troupeau d'animaux traversant le gué, conduit par un jeune garçon. Plus loin, à gauche, un cavalier et une dame se promenant. Ce tableau, d'une bonne couleur; touché avec beaucoup de légèreté, dont les figures et les animaux sont très-bien, est d'un aspect piquant et gracieux.

Toile. Largeur, 22 pouces; hauteur, 17 pouces et 1/2.

41. MIERIS (François Van). Signé.

Tableau allégorique.

Représentant un épisode des guerres de Hollande, quand les Provinces-Unies se défendaient contre le comté de Hollande, qui, protégé par les Français, voulait les réduire à l'obéissance. Guerres appelées dans l'histoire guerre des Chá.

perons. Le chef des villes représenté ici est sans doute ce fameux roi-brasseur de M. le vicomte] d'Atliñcourt. Appuyée sur un coussin, une femme, sous la figure de Minerve, le réveille, et, lui présentant son casque, lui fait sentir qu'il est temps de revêtir ses armes et voler au secours de ses frères. Au fond, la Patrie soulève un voile et lui fait voir un combat où il ne manque que sa présence pour vaincre. Ce sujet, qui est puisé dans un ouvrage hollandais sur les révolutions du temps, est signé au bas du médaillon placé sous la croisée. Ce médaillon est lui-même identique au sujet, et représente cette pensée sublime que notre La Fontaine a su rendre si frappante dans la fable du Vieillard et ses Enfans : *Pour vaincre, mes enfans, soyez unis, ne vous séparez pas.* En haut du tableau, les armes belges, le lion tenant des traits et portant un chaperon blanc. Parler de la finesse et de la beauté de cette belle composition deviendrait inutile ici, le tableau en dit plus à la vue que tout ce que nous pourrions dire dans un volume entier.

Bois. Largeur, 15 pouces 8 lignes ; hauteur, 17 pouces 9 lignes.

42. MILLÉ (Francisque.)

Paysage historique.

Riche composition représentant un site montueux et boisé, entrecoupé de rivière, orné de figures et animaux. Tableau d'une bonne couleur, et qui nous paraît d'une belle conservation.

Toile. Largeur, 30 pouces ; hauteur, 24 pouces.

43. MOLNAER (Jean.) Signé.

Intérieur flamand.

Ce peintre habile que les connaisseurs ne confondent pas avec le Molnaer (Klas) qui a fait des neiges et des paysages, a imité Brauwer et J. Steen et les a souvent approchés à s'y méprendre. Nous pensons que le joli tableau que nous offrons ici est un de ceux où il a le mieux réussi, il représente une nombreuse société occupée à se divertir; l'attention de la plus grande partie assis autour d'une table parait se fixer sur le couple dansant au son du violon d'un aveugle; la vérité des poses, la grâce et la naïveté des figures, la finesse et le moelleux de la touche ne peuvent manquer d'attirer les regards des amateurs.

Bois. Largeur, 18 pouces ; hauteur, 12 pouces et 1/2.

44. NETCHER.

Portrait en pied d'une jeune dame.

Debout près d'une table, la main posée sur un petit épagneul et de l'autre remettant un collier à un jeune nègre. Cette figure qui est gracieuse et bien dessinée, très fine d'exécution et d'une belle couleur, mérite de fixer les regards des amateurs par sa belle conservation.

Toile. Largeur, 16 pouces ; hauteur, 20 pouces.

45. DU MÊME.

Une dame et sa fille.

Dans une salle donnant sur un vaste jardin, une dame assise dans un fauteuil recouvert d'un riche tapis et le bras appuyé sur un coussin, reçoit de sa jeune fille une corbeille remplie de fleurs. La richesse du costume, la finesse du ton, l'air gracieux des figures; la délicatesse de la touche, tout concourt à rendre cette charmante composition digne de fixer l'attention des amateurs.

Toile. Largeur, 14 pouces et 1/2; hauteur, 18 pouces.

46. PARMESAN (François Mazzuolli, dit le).

Sainte Catherine

Les yeux élevés au ciel, les mains croisées sur la poitrine, tenant la palme du martyre; devant elle, est la roue instrument de son supplice. Cette belle figure ne pense plus qu'à Dieu; la terre ne lui est rien, la correction du dessin, la beauté des contours, l'expression, la grâce et le caractère de beauté qui règuent dans ce tableau justifient assez le nom de petit Raphaël qui fut donné à ce peintre.

Toile. Largeur, 19 pouces; hauteur, 21 pouces et 1/2.

47. PORBUS (François.)

Portrait de Henri IV.

Il est revêtu d'une cuirasse et porte une écharpe blanche et une jolie collerette en dentelle; ce tableau mérite de fixer les regards par son beau faire, sa conservation et sa parfaite originalité, et nous pensons qu'il existe peu de portraits de ce roi aussi ressemblans que l'est celui-ci. C'est bien là la physionomie de l'amant de Gabrielle, où les fatigues de la guerre et celles de l'amour ont marqué leur trace; son œil vif et perçant est plein de finesse et de bonté, et dans son front haut et découvert on reconnait l'ami de Sully.

Bois. Largeur, 18 pouces et 1/2; hauteur, 22 pouces.

48. QUELLINUS (Erasme). Signé.

Eliézer et Rébecca.

Belle et riche composition, d'une touche large et savante, d'un dessin pur et correct, représentant Éliézer suivi d'une suite nombreuse arrivant près de la fontaine où Rébecca vient de puiser l'eau qui remplit son vase; le chameau qui le porte s'est abaissé et le met à portée de causer avec la jeune fille; dans ce tableau, comme dans presque tous ceux de la même école, l'auteur n'a point consulté les époques ni le pays pour le vêtement de ses personnages, ceux-ci portent de riches costumes flamands dont les draperies sont traitées avec beaucoup do grâce et de vérité; les figures qui sont fort belles nous paraissent être des portraits, ce qui ajoute encore à l'intérêt que ce bel ouvrage inspire.

Toile. Largeur, 86 pouces et 1/2; hauteur 69 pouces et 1/2.

49. REMBRANDT (Paul Van Ryn.)

Le Vieillard endormi.

Assis sur une escabelle, devant le feu mourant d'une cheminée, un vieillard s'est endormi en se chauffant les mains sur le vase placé sur ses genoux; sa pipe et sa cruche n'ont pu le tenir éveillé, quelques accessoires et ustensiles de ménage répandus çà, et là et touchés avec une perfection qui n'appartient qu'à un maître jettent un peu de variété sur cette scène dont la simplicité a besoin d'un aussi savant pinceau pour lui donner quelque intérêt; le ton fin et rembravesque, la lumière, la touche, le coloris, et l'empâtement de la couleur, tout nous a fait un devoir de laisser à ce tableau le nom sous lequel il est connu depuis long-temps.

Bois. Largeur, 23 pouces; hauteur, 17 pouces 9 lignes.

50. RIEKAERT (David.)

L'Auteur dans son atelier.

Assis devant son chevalet il examine attentivement l'homme qui est devant lui, qui lui sert de modèle. Ce beau tableau où les principales habitudes des peintres flamands du temps sont rendues avec finesse et naïveté, sort de la galerie du chevalier Erard, et nos éloges ne pourraient qu'être froids et superflus après ceux que M. Henry en a fait dans le catalogue de cette vente; sortant d'une pareille collection, ce sera, nous le pensons, une bonne recommandation pour les amateurs.

Bois. Largeur, 35 pouces et 1/2; hauteur, 21 pouces et 1/2.

51. ROBERT (Hubert).

Intérieur de Jardin.

Le premier plan est occupé par un vaste bassin d'eau limpide que deux lions entretiennent par un jet qui coule sans cesse; à droite, on monte à une terrasse par des marches qui descendent jusqu'au fond du bassin; un temple grec ancien décore cette terrasse, qui est environnée d'une vaste balustrade; de vastes promenades ombragées par de grands arbres, occupent le fond de cette belle composition embellie par des statues. Ces lieux, d'un aspect grandiose, offrent une vaste solitude où il serait agréable de se livrer à une douce rêverie.

Toile. Largeur, 83 pouces; hauteur 79 pouces.

52. DU MÊME.

Autre Intérieur de Jardin.

Cette vaste et belle composition a, comme la précédente, un bassin sur le premier plan. Il est alimenté par les eaux d'une cascade écumante qui sort d'une colonnade à gauche, terminée par deux statues qui jettent de l'eau par des urnes qu'elles tiennent; un bois planté en allées et coupé d'une large avenue conduisant à un temple, occupe le fond de ce tableau, qui, ainsi que le précédent, offre aux yeux un aspect noble et grandiose.

Toile. Largeur, 83 pouces; hauteur, 79 pouces.

53. DU MÊME.

Intérieur d'un Parc.

Tableau d'un aspect agréable et pittoresque, offrant aux yeux une vaste pelouse entourée de grands arbres. On voit à gauche une ruine d'architecture et des fragmens dispersés sur le terrain; à droite, une statue sur son piédestal. Cette belle composition est aussi gracieuse, et plus pittoresque que les précédentes.

Toile. Largeur, 83 pouces; hauteur, 79 pouces.

54. DU MÊME.

L'Ile des Peupliers.

Site agreste et champêtre, représentant le tombeau de Jean-Jacques, à Ermenonville. On n'est point étonné de la beauté de ce site enchanteur, quand on se rappelle que c'était la promenade favorite de l'auteur de Julie et Saint-Preux.

Ces quatre belles et grandes compositions, dont le ton est harmonieux, plein de chaleur, d'un faire admirable, décoraient un endroit public où elles ont été souvent admirées par nos grands maîtres, qui se plaisaient à en faire l'éloge.

Toile. Largeur, 83 pouces; hauteur, 79 pouces.

55. ROMEYN (Guillaume Van).

Repos d'Animaux.

Dans un joli paysage traversé d'une rivière, un jeune berger garde un troupeau d'animaux, près de lui sur le devant une jeune mère parle à sa fille; gracieuse composition d'un beau faire, d'un ton clair et fin, et d'une couleur agréable. Il a été enlevé de dessus bois.

Toile. Largeur, 18 pouces; hauteur, 14 pouces et 1/2.

RUBENS (Pierre Paul).

Le Croc en Jambe.

Ce sujet, qui n'est qu'un épisode d'un grand ouvrage de ce maître, a toujours passé pour en être l'esquisse terminée; nous lui laissons ce nom, persuadés que s'il suffit d'un dessin correct et gracieux, d'un modèle parfait, d'un coloris brillant et moelleux, d'une touche suave et légère, et enfin des figures dont l'expression est parlante, à coup sûr on reconnaîtra que ce tableau possède toutes ces qualités, et les amateurs partageront notre opinion; s'il en est autrement, nul ne pourra disconvenir, que l'erreur est pardonnable devant un aussi bel ouvrage.

Toile. Largeur, 14 pouces; hauteur, 17 pouces.

56. RUISDAEL (Attribué).

Repos d'Animaux.

Dans l'intérieur d'une vaste forêt traversée d'une rivière, un berger garde un troupeau d'animaux, dont les uns boivent et les autres se reposent; tableau d'une belle couleur, d'un aspect fin et mystérieux, très-fini d'exécution.

Toile. Largeur, 27 pouces; hauteur, 22 pouces.

58. SCHOVAERTZ.

Paysage.

Vue prise dans les Appennins, d'où on aperçoit un paysage d'une immense profondeur. Les bons tableaux de cet artiste deviennent très-rares, et celui-ci est véritablement d'une qualité supérieure par son faire gracieux et sa parfaite conservation.

Bois. Largeur, 25 pouces; hauteur, 15 pouces.

59. STINGELANDT (Pierre Van).

Intérieur Flamand.

Réunis autour d'une table, plusieurs personnages causent, devisent et s'occupent diversement, à gauche la ménagère prépare ses choux, derrière elle des hommes assis écoutent parler un autre qui est debout, à droite le patron assis reçoit une confidence de sa jeune fille; petit tableau d'une belle couleur, d'un faire gracieux et du ton le plus agréable.

Bois. Largeur, 9 pouces; hauteur 10 pouces et 1/2.

60. SNEYDERS (François).

Les Chiens qui ont perdu la piste.

Tableau d'une riche composition, représentant la lisière

d'une forêt où l'on voit sur un monticule un groupe de chiens de chasse cherchant la piste et flairant le vent. Plus loin, un chasseur à cheval reçoit du gibier qu'un serviteur lui présente. Plusieurs autres chiens, également dépistés, sont placés dans diverses parties de ce tableau. La manière admirable avec laquelle ce sujet est rendu, l'espèce d'inquiétude et d'hésitation qu'éprouve chacun de ces pauvres animaux, est d'un effet inimitable. Il y a une variété dans le même objet qui surprend; et la vérité, la finesse avec laquelle le poil de chaque espèce est touché, les ferait croire vivans. Quelques variétés de plantes placées sur le devant de cette composition sont là comme le cachet du maître qui, comme on le sait, excellait aussi dans ce genre. Les figures, placées dans le fond, sont de celles qu'il faisait lui-même, 'étant petites et placées dans la demi-teinte. Ce bel ouvrage, d'une pureté et d'une parfaite conservation, ornerait les plus belles galeries, et sa place sera toujours au premier rang dans quelqu'endroit que ce soit.

61. DU MÊME.

Le Marchand de Gibier.

Celui-ci est une belle et grande composition de ce maître , dont Rubens, Jordans et autres faisaient les figures. Ces grands artistes, amis et contemporains, se faisaient un vrai plaisir de s'entre aider. Trop savans pour être jaloux les uns des autres, et ils mettaient au contraire de l'amour-propre à faire valoir chacun d'eux, et quittaient leur manière même pour prendre celle de celui pour lequel ils travaillaient; c'est ainsi que dans les tableaux de Rubens on a peine à deviner la main de ceux qui l'ont aidé. Ici les figures de ce tableau ont toujours passé pour être de Rubens; elles en ont tout le beau faire; mais, s'identifiant avec le sujet qu'il traitait, ce n'est qu'après un mûr examen qu'on le reconnaît. Du reste, cette opinion que nous émettons est partagée par des connaisseurs vrais et désintéressés, et nous laisssons aux amateurs, le libre arbitre d'y acquiescer, si telle est leur volonté, persuadés que, même en se trompant de nom, la beauté et l'originalité de ce bel ouvrage ne seraient point contestés. Nous revenons au sujet qui représente un marchand entouré de différentes espèces de gibier gros et petit; devant lui une jeune femme, qui en marchande, est distraite par un cavalier qui paraît lui faire la cour. Cette riche composition, dont les figures, grandes comme nature, sont vues à mi-corps, est largement touchée, d'une couleur brillante et parfaite de conservation.

Toile. Largeur, 80 pouces; hauteur, 54 pouces et 1/2.

62. SOLMAKER (Signé.)

Le moulin à eau.

Dans un vaste paysage boisé, orné de fabriques; on voit à droite, près du moulin, un berger dont le troupeau est à l'abreuvoir; sur la route, à gauche, deux villageoises conduisant un âne et des moutons, cheminent en causant. Ce tableau d'une belle couleur, d'un aspect agréable, porte une signature presque effacée où nous croyons avoir lu le nom de Solmaker.

Toile. Largeur, 43 pouces; hauteur, 36 pouces.

63. STEEN (Jean.)

Intérieur de Cabaret.

« Original dans le choix, et la tête remplie d'idées, aucu-
« nes des expressions, des inclinatio. s, des vérités de la na-
« ture n'ont échappé à son esprit. » Ainsi s'exprime la Biographie des peintres célèbres; nous pensons que ce tableau viendra encore à l'appui de cette assertion; car voit-on jamais plus de vérité et d'abandon dans les poses, dans l'air des fi-

gures. Cet homme à droite, qui, tout en parlant, retire sa pipe de sa bouche pour y porter le verre qu'on emplit, n'est-il pas frappant? Que de vérité dans celui de gauche, qui écoute, ayant la tête posée sur son poing! quelle naïveté dans la figure de cette femme qui le regarde en souriant! et qui ne dessinerait le portrait de celui dont on ne voit que le dos? Tout parle dans ce tableau, rien n'est moins étudié, et le pli de chaque vêtement est un cours complet d'érudition, nous en ferions un nous-mêmes si nous entreprenions d'en faire l'éloge complet : les amateurs ne manqueront pas d'y suppléer eux-mêmes.

Bois. Largeur, 14 pouces ; hauteur, 17 pouces et 1/2.

63. STEEN (Jean.)

Les joueurs de carte.

Petit tableau original de ce maître, représentant une scène d'intérieur composée de trois personnages, dont deux jouent aux cartes, on ne saurait rien voir de plus piquant, de plus fin et de mieux conservé que cette jolie composition ; le meilleur éloge à en faire est d'inviter les connaisseurs à l'examiner attentivement, persuadé qu'ils partageront la conviction que nous avons de son originalité.

Bois. Largeur, 8 pouces 4 lignes ; hauteur, 9 pouces 4 lignes.

65. STEEN (Jean.)

L'embarras du choix.

Une jeune femme placée entre un beau cavalier et un riche vieillard, paraît embarrassée dans sa détermination, l'un est beau ; mais l'autre est riche, le premier l'entraîne amoureusement, le second veut la retenir par l'or et les bijoux ; auquel répondra-t-elle? et tout en se laissant entraîner par le jeune homme, elle tend encore la main au richard. Cette piquante petite composition ne peut manquer de plaire.

Bois. Largeur, 7 pouces; hauteur, 9 pouces et 1/2.

65. STEEN (Jean).

Les Mangeurs de Moules.

Groupés et assis autour d'une table, plusieurs hommes, femmes et enfans s'occupent à manger des moules. Ce petit tableau dont la couleur est bien empâtée, représente une scène de famille telle que ce maitre aimait à en faire, et qu'il rendait avec beaucoup de vérité.

Bois. Largeur, 9 pouces et 1/2; hauteur, 13 pouces.

66. STEINWICK (Henry, Van).

Les Vendeurs chassés du Temple.

À la couleur claire et transparente de ce tableau, on reconnaît facilement le pinceau de Steinwick, le fils; la beauté et la régularité de l'architecture viendront encore à l'appui de cette assertion. Les nombreuses figures dont il est orné sont dessinées avec grâce et finesse, et d'une jolie couleur; étant de Pierre de Laar, elles ne peuvent qu'ajouter au mérite reel que possède déja ce tableau.

Bois. Largeur, 3o pouces; hauteur, 19 pouces.

TENIERS (David).

Le Château de Teniers.

Paysage traversé d'une rivière sur laquelle on voit un pont conduisant au château de Teniers, ainsi que la gravure collée derrière ce tableau l'indique; des paysans, dans l'eau jusqu'à mi-jambes, et tenant des pelles, sont occupés dans la rivière. Ce tableau, très-fin de ton, d'une couleur argentine, pourrait bien être une répétition de ce maitre.

Bois. Largeur, 12 pouces; hauteur, 9 pouces.

69. THULDEN (Théodore, Van).

Le Repos de Diane.

Fatiguée du plaisir de la chasse, la déesse se repose au milieu de ses nymphes, qui, ainsi qu'elle, ont retiré une grande partie de leurs vêtemens ; au-dessus d'elles, une draperie est suspendue aux arbres pour les garantir des rayons du soleil; des chiens, du gibier sont placés près d'eux. La Déesse reçoit l'hommage ou l'offrande d'une troupe de satyres, qui s'avancent conduits par le plus âgé, portant des fruits devant lui. Cette magnifique composition de treize figures est dessinée avec une grâce, un moelleux et une correction qui ne laissent rien à désirer. La beauté des contours, la variété des poses, la transparence et l'harmonie du coloris, tout concourt à rendre ce tableau un des plus séduisans de la collection, auquel se joignent la belle manière et le coloris du maître.

Toile. Largeur, 59 pouces et 1/2; hauteur, 45 pouces 9 lignes.

70. UDEN (Lucas Van.)

Paysage.

Tableau de la plus grande finesse, représentant une vaste campagne au milieu de laquelle on voit une forteresse et plus loin un village entouré de bois; plusieurs jolies figures touchées avec une précision et une délicatesse extraordinaires animent cette jolie composition, dont la grâce et la fraîcheur sont au-dessus de tout éloge.

Bois. Largeur, 16 pouces; hauteur, 12 pouces et 1/2.

71. DU MÊME.

Pendant du précédent.

Autre paysage non moins fin et gracieux, et dont les petites figures ne sont pas moins piquantes et spirituelles qu'au pré-

.rédent ; ces deux charmans tableaux sont vraiment des chefs-d'œuvre de délicatesse.

Bois. Largeur, 16 pouces ; hauteur, 12 pouces et 1/2.

71. WATEAU (Antoine).

Le Colin-Maillard.

Réunis devant la porte d'une chaumière, une joyeuse société se livre au plaisir, le Colin-Maillard est tombé sur une jeune et belle fille, qui, les yeux bandés, cherche à en reprendre un autre pour recouvrer la vue ; les autres personnages profitent de sa cécité momentanée pour la tourmenter et lui faire des niches. Cette composition, de couleur fraîche et agréable, ne peut manquer de plaire par son beau faire, sa touche fine et légère, et l'amabilité de ses poses.

Toile. Largeur, 31 pouces ; hauteur, 24 pouces.

72. WATEAU (De Lille).

Le Parc.

Réunion de personnages dans les bosquets d'un parc ; un cavalier vient d'apporter un nid de petits oiseaux à sa dame, qui le reçoit avec plaisir ; les autres dames semblent reprocher à leurs amans de ne pas leur procurer le même agrément ; cette charmante petite composition, dont les poses sont gracieuses, les figures pleines de finesse, les détails soignés et d'un précieux fini, plaira par son beau faire et sa couleur agréable.

Toile. Largeur, 12 pouces et 1/2 ; hauteur, 14 pouces et 1/2.

73. DU MÊME.

Le Salon.

Réunies autour d'une table recouverte d'un riche tapis, une nombreuse société de dames sont diversement occupées, et n'ont qu'un seul cavalier au milieu d'elles ; l'expression des figures, la finesse des détails ne rendent pas celui-ci moins intéressant que le précédent, auquel il fait pendant.

Toile. Largeur, 12 pouces 1/2 ; hauteur, 14 pouces 9 lignes.

74. WERFF (Adrien Vander).

Portrait d'un Magistrat

Debout, près d'une table recouverte d'un riche tapis et la main posée sur un livre, il est vêtu d'une simarre violette ; ce petit tableau, qui porte tout le cachet du maître, en a toutes les beautés et les défauts ; la figure est d'une finesse extrême, les draperies sont largement faites, disposées avec art, et le tapis d'une beauté au-dessus de tout éloge, mais les mains sont mal dessinées ; cet ouvrage, dont les fonds sont poussés au noir, mérite d'être examiné de près, pour en voir toutes les beautés qui échappent à l'œil ; car, en cherchant à lire une signature, nous avons aperçu une Vierge avec l'enfant Jésus placée derrière la première figure.

Bois. Largeur, 10 pouces 2 lignes ; hauteur, 13 pouces.

75. DU MÊME.

Une Sainte Famille.

La Sainte-Vierge, Saint-Anne, l'enfant Jésus et le petit Saint-Jean, se reposant près d'un palais. Le beau faire, la gracieuse expression des têtes, la finesse du ton, le moelleux des contours et des draperies, et par-dessus tout la beauté du coloris et sa transparence, nous ont engagé à laisser à ce charmant tableau le nom sous lequel il était désigné et connu.

Toile. Largeur, 20 pouces ; hauteur, 25 pouces.

76. WITTE (Emmanuel de).

Intérieur d'un Temple.

Tableau représentant l'entrée d'un temple par les bas côtés,

sur le pilier qui est en avant est attaché une chapelle à la hauteur du buffet d'orgue qui est derrière. Cette jolie composition, où la perspective linéaire est parfaitement observée, le clair obscur bien entendu, et l'architecture rendue avec vérité, est ornée de beaucoup de jolies figures finement touchées, et bien dans l'esprit; son ton clair et fin la rend très agréable.

Bois. Largeur, 14 pouces; hauteur, 18 pouces.

77. WOUWERMANS (Pierre.)

Charge de Cavalerie.

Il y a certainement beaucoup de différence entre les tableaux de cet artiste et ceux de son frère; mais la manière large facile et tant soit peu heurtée de ce tableau annonce une main exercée, et plusieurs chevaux du fond sont lancés avec beaucoup de naturel. Cette petite composition, dont le ton est clair et fin, et la couleur agréable, mérite de fixer les regards, et a le mérite d'être sans prétention.

Bois. Largeur, 11 pouces et 1/2; hauteur, 9 pouces et 1/2.

78. VRIES (Jean de). Figure de Linguelbach.

Le Défilé.

Paysage, intérieur de forêt traversé d'un chemin, entre deux hauteurs, et sur lequel on voit un voyageur à cheval. Ce tableau d'un ton fin et harmonieux nous paraît d'une bonne couleur.

Toile. Largeur, 21 pouces; hauteur, 17 pouces.

79. WOUWERMANS. (P.).

Batailles.

Deux petits tableaux faisant pendans, représentant des com-

bats entre les Turcs et les Allemands. Ces petites compositions, d'une finesse au-dessus de tout éloge par la beauté des tons, la pureté du dessin et la vérité des poses, méritent de fixer l'attention des amateurs; leur beau faire, la variété des costumes, qui sont très-riches, et qui forment un ensemble qui plait à l'œil; les lointains sont, ainsi que le ciel, traités d'une manière légère et vaporeuse qui annonce une main de maître et un pinceau exercé. Leur pureté et leur conservation sont parfaites.

Toile. Largeur, 14 pouces et 1/2; hauteur, 11 pouces.

69. ÉCOLE FLAMANDE,

Le Marais.

Petite composition des plus originales, où l'on voit au milieu des joncs et des roseaux une foule de canards et oiseaux aquatiques ; sur le côté gauche, des nids sont posés sur un arbre; le fond est formé d'une haie derrière laquelle est un bois. Ce joli tableau, d'une extrême finesse et d'une parfaite conservation, est fin de ton, d'un coloris clair et transparent, et mérite l'attention des connaisseurs.

Bois. Largeur, 19 pouces; hauteur, 12 pouces.

70. ÉCOLE FLAMANDE MODERNE,

Une Jeune Femme Endormie.

A demi vêtue, couchée sur un canapé, elle est surprise la gorge nue par un vieillard qui la contemple; l'expression des figures, la beauté du coloris et la finesse des tons font de ce petit tableau un chef-d'œuvre digne des beaux temps de l'École Flamande.

Bois. Largeur,   ; hauteur,

82. ÉCOLE FRANÇAISE.

Clorinde chez les Bergers.

Ce tableau, d'un beau faire et d'une belle couleur, mais un peu fatigué, est enrichi d'une magnifique bordure en bois sculpté et doré, dont le travail est de la plus grande richesse.

Toile. Largeur, 48 pouces; hauteur, 36 pouces.

CURIOSITÉS

ET OBJETS D'ART.

MEUBLES DORÉS.

1 Un lit à rocaille très-riche avec ses montans, son dais en dôme, il est garni de ses matelas, rideaux en damas rouge et couvre-pied. Cet article sera divisé.

2 Un id. à rocaille et oiseaux dorés en or de couleur, ses montans, son dais de même; il est garni de matelas, rideaux, couvre-pied.

3 Un meuble avec bergère et canapé pareils au premier lit.

4 Un autre meuble, bergère et canapé pareils au second lit.

5 Un canapé, une causeuse et cinq fauteuils couverts en satin blanc, richement brodés.

6 Un clavecin à pieds, rocailles à jour, sculpté et doré, très-riche.

7 Quatre torchères, représentant des Africains, dorés, portant des grands bassins en porcelaine de Chine. Cet article sera vendu en deux lots.

GLACES.

8 Une glace avec sa bordure, rocailles dorées très-grandes, en deux parties.

9 Une id. même genre, faisant pendant.

10 Une id. ancienne, très-riche, avec dessus à corbeille de
de fleurs; la bordure est sculptée à jour, et contient une
glace de Venise très-grande.

11 Une id. de Louis XIV, bordure riche à mascarons.

12 Une id. de Louis XV, bordure, rocaille riche.

13 Plusieurs autres glaces anciennes, plus petites.

MEUBLES DE BOULES, MARQUETERIE ET ÉBÈNE.

14 Un cabinet avec sa console de matin. Ce meuble rare et
extraordinaire est mi-partie de boule avec marquet-
terie, écaille et cuivre, très-riche à l'intérieur et tout
garni de glaces, doré à sujet chinois à l'extérieur; il fut
fait, dit-on, pour Mᵐᵉ de Fontange, lors des fameuses
ambassades, et quand la mode était toute au chinois.
Il est très-richement garni en bronze.

15 Un bureau en quatre parties, cuivre, étain, écaille et
bois. Ce bureau ou secrétaire du temps, est un des
plus anciens que l'on connaisse, et date au moins de
Louis XIII; tous ses ornemens sont en bois sculpté et
doré très-fin. Cet article précieux et unique mérite
l'attention des amateurs.

16 Un autre bureau en marqueterie, ébène et cuivre, très
ancien, à ornemens, très riche en première partie.

17 Un secrétaire à tombeau, en marqueterie de boule, richement garni en bronze doré. Il est en écaille et cuivre,
première partie, mélée, avec figures à la Wateau, très
riche d'ornemens.

18 Une bibliothèque richement garnie en bronze, le devant
à quatre ventaux, dont ceux du haut à glaces, en marqueterie, écaille et cuivre, très riche et fin de dessin,
et les côtés, ébène et cuivre. Ce meuble est d'une élé-

gance parfaite, et très-rare à rencontrer aussi complet, le peu qui tombent dans le commerce étant démolis pour en faire de plus petits à la mode.

19 Un petit bureau de dame, tout écaille, marqueterie et ivoire. Ce petit meuble est d'une élégance sans pareille.

20 Un grand cabinet en ébène gravé, riche à l'intérieur, et monté sur son pied en console.

21 Un autre plus petit en ébène, uni à l'extérieur et dans l'intérieur; les volets, les tiroirs sont ornés de riches peintures représentant des sujets tirés de la mythologie, très riché et bien conservés. Ce petit meuble, qui est d'une élégance parfaite, est monté sur son pied ou console à olives.

MEUBLES ANCIENS DE LA RENAISSANCE.

22 Un meuble ou armoire à quatre vanteaux richement sculptés, à cariatides et ornemens, avec couronnement à figures; les deux panneaux du bas sont sculptés et ceux du haut ornés de riches peintures. Cet article est très-précieux.

23 Une bibliothèque; ce beau meuble, unique en son genre, a dû être un dressoir et converti en bibliothèque en y ajoutant des glaces; sa forme est des plus élégantes, la sculpture, d'une finesse sans égales est tout-à-fait dans la manière de Jean Goujon.

24 Un dressoir.

25 Un bahut très-fin, très-beau, et bien conservé.

26 Une chaise à dos sculpté en plein, d'une finesse et d'une richesse sans égale, garnie en damas rouge.

27 Un fauteuil richement sculpté, garni en étoffe de soie,
fond brun, à fleurs.

28 Une chaise id., riche de sculpture, avec dossier et siége
garni en ancienne étoffe peinte du temps, fond bleu
et rouge.

29 Deux chaises à dos sculptés pleins, montées en velours
cramoisi; ces deux pièces font pendant.

30 Un très-beau lit richement sculpté.

MEUBLES DE RIESNER ET AUTRES.

31 Un magnifique secrétaire en acajou, à dessus en marbre
blanc, richement garni en bronze doré, les panneaux
sont en marqueterie de bois représentant des paysages
avec architecture.

32 Un bureau en acajou à quatre faces, richement garni en
bronze doré.

33 Un meuble en acajou à trois vanteaux, richement garni
en bronze doré, avec dessus de marbre en griotte.

34 Un médailler richement garni, avec applique en bronze
doré.

35 Une commode à tombeau, riche garniture en bronze
doré avec marbre en vert de mer.

36 Une autre en marqueterie de bois, dessus en marbre
rouge.

37 Une autre en marqueterie de bois, dessus en marbre
noir.

PENDULES EN MARQUETERIE.

38 Une belle pendule en écaille à filets, avec sa gaine richement garnie en bronze.

39 Une pendule avec console en marqueterie écaille, grand modèle, avec mouvement anglais à carillon très-compliqué, en bon état, sonnant un carillon à chaque quart.

40 Une id., grand modèle, avec console très-riche en marqueterie.

41 Une id., petite, à rocaille. à socle sonnant au passage et tirage, richement garnie en bronze doré.

42 Une id , plus petite marqueterie, en cuivre et écaille à sonnerie.

43 Un très-beau régulateur en palissandre, richement monté, garni de bronze doré.

PENDULES DORÉES ET AUTRES.

44 Une belle et riche pendule ancienne de Louis XIV, à sujet, très-grand modèle, toute dorure.

45 Une autre id., dite la pendule de Stanislas, ayant appartenu à ce roi, elle est à mécanique compliquée, toute dorure.

46 Une autre à cinq figures dont Vénus couchée, toute dorure.

47 Une pendule de Riesner, modèle très-élégant, toute dorure; il y a les flambeaux et les bras formant la garniture complète qui sera vendue en trois lots.

48 Une pendule rocaille avec son socle, très-richement peinte et décorée, garnie en bronze doré, forme très-élégante.

49 Une id., le Temps et l'Amour, avec socle, garnie en bronze doré.

50 Une id., forme fontaine avec figures et garnie de fleurs, montée en rocaille dorée.

51 Une petite pendule ou cartel saxe, montée en rocaille
dorée.

DORURES ANCIENNES.

52 Une paire de feux grand et riche modèle.

53 Une paire id. modèle plus petit.

54 Une paire de bras, rocaille à deux lumières.

55 Un cartel rocaille, très-fin et à tirage.

56 Une paire de bras à cor de chasse, de Riesner.

57 Une paire de flambeaux à trepieds, de Riesner, en deux
articles, sont le complément de la garniture avec la
pendule.

58 Une paire de bras, ancien modèle, très-riche, à trois
lumières.

59 Un flambeau de pupitre, gravé, à deux lumières.

60 Un bougeoir à long manche.

PORCELAINE DE SÈVRES.

62 Un très grad vase, fond vert à médaillons et ornemens
dorés montés en bronze doré.

63 Un plateau dont la galerie est toute en porcelaine, pâte
tendre, très-richement monté en bronze doré.

65 Un vase, forme lampe, richement monté en bronze
doré; deux petits vases fond bleus unis.

65 Deux belles caisses en rocailles, bronze doré garnies de
plaques en porcelaine de Sèvres, tendre.

PORCELAINE DE SAXE MONTÉÉ.

66 Un surtout à chimères, à huit lumières, richement
monté, en bronze doré.

67 Un id. à feuillage et fleurs, à quatre lumières; très-riche
garniture dorée.

68 Deux girandoles rocailles, à groupes, garnies en doru-
res.

69 Deux bouts de table, très riches, avec figures, cygnes et
fruits, richemeut montés.

70 Deux chars, très-beaux et très-riches.

71 Une rocaille, le Vinaigrier; écritoire.

72 Une écritoire, forme barque.

73 Une autre, à fruits et fleurs, très-riche.

74 Un vase, fond vert, à dessin blanc.

75 Un autre vase à riche médaillons.
Deux jolies bouteilles à fleurs, en relief, richement
montées en bronze doré.

76 Une grande quantité d'autres objets, figures, fontaine, su-
criers, pots pourris, flambeaux, groupes, animaux, etc.;
tous montés en bronze doré, rocaille, très-riche de
montures et la plupart garnis de fleurs.

GROUPES NON MONTÉS.

77 Une très grande figure, très-belle, sur socle de la même
pièce.

78 Un grand nombre d'autres groupes, d'amours, de nymphes, de bergers, de musiciens et de figures diverses,
qui seront vendus séparément.

79 Une paire de bras, rocaille en bronze doré, garnie de fleurs, très-riche.

80 Deux beaux vases de Chine, montés en bronze doré, très-riche de montures et de dessins.

81 Plusieurs autres vases, pots-pourris et objets divers de Chine, montés très-richement, en bronze doré.

TAPISSERIES, TENTURES.

82 Six belles tapisseries ayant servi à décorer une grande salle; elles sont à personnages et d'une bonne conservation.

84 Un très riche tapis de la manufacture royale de la Savonnerie. Cette pièce remarquable, et la seule peut-être qui soit dans le commerce, sort d'une maison princière, puisqu'on n'en vendait aucune; elle est à riches bordures et dessins dans le genre turc.

84 Un tapis en soie de Chine, avec broderies à la main, et un autre tapis turc à sorbet, richement brodé en fin, avec dentelle, seront vendus separément.

85 Une tenture d'appartement en damas rouge, faisant suite au lit du n° 1, et aux meubles pareils sera vendue avec ses baquettes dorées, formant bordure.

86 Deux très-beaux lustres garnis de leurs cristaux.

BOITES, COFFRES, etc., etc.

87 Une boîte ou nécessaire en bois odorant, en marqueterie de bois et ivoire, avec tiroirs à secrets à l'intérieur. Ouvrage riche et précieux de la renaissauce.

88 Un coffre ou nécessaire gothique d'un travail curieux et rare, il est formé de filets, fleurs et plaques d'émaux colorés. Cette pièce d'un précieux intérêt manque au Musée.

89 Un autre coffre ou boîte en marqueterie, écaille, ivoire et bois.

oo Un coffre en fer, très-ancien.

101 Plusieurs jolis bronzés anciens.

102 Un très-beau fusil double, à canons tordus, signé Robert, à Paris.

103 Quelques autres armes.

OBJETS D'ARTS ET CURIOSITÉS.

105 Un bronze équestre, modèle en petit d'une statue de Louis XIV, destinée à être mis sur une des places publiques de Marseille. Ce modèle, exécuté d'après le modèle et les dessins du Puget, a été exécuté sous ses yeux, et devait être présenté au roi; nous garantissons qu'il est seul et unique dans son genre et qu'il n'y en a pas un second exemplaire dans le monde.

106 Un groupe de lacques de la plus belle qualité et parfait de conservation, représentant un derviche assis sur un rocher, ayant a sa droite un oiseau et à sa gauche un enfant tenant un animal; ce groupe unique, portant près de neuf pouces de hauteur, provient de la vente de M^{me***}, où il fut vendu plus de sept cents francs.

107 Un vase étrusque d'une forme très-élégante et portant près de vingt-cinq pouces de hauteur orné de riches dessins.

108 Un autre très-grand en terre de Nolla, orné de riches peintures, portant 17 pouces de hauteur.

109 Un autre étrusque très-riche, et de la même hauteur que le précédent, pouvant y faire pendant; ces trois vases réunis formeraient la plus riche garniture qui existe en ce genre.

110 Un bas relief ou fragment de bas relief antique, en mar-

bre de Paros, représentant une prétresse ou une nymphe portant un cype; ouvrage précieux par son faire,
son antiquité et sa conservation.

111 Deux bas-reliefs ovales en très-beau marbre, représentant l'un un enlèvement et l'autre un sujet allégorique,
ouvrages très-beaux attribués au Puget.

112 Deux autres bas-reliefs très-fins attribués à Coixevox.

113 Un bas-relief en bronze doré représentant une sainte
famille; ouvrage fin et précieux.

114 Un autre, également en bronze doré, représentant une
Sainte-Vierge..

115 Un Christ dans sa bordure, rocaille en bois sculpté et
doré de la plus grande finesse.

116 Cinq bustes avec leurs consoles représentant les personnages suivans : Philidor, Gluck, Piccini, Sacchini et
Grétry.

Le peu de temps qui nous reste pour terminer ce Catalogue
nous a privés et nous prive de détailler une foule de très-
beaux objets qui, quoi qu'ordinaires dans cette vente ci, seraient de première classe dans d'autres belles ventes, mais tout
sera aux expositions, et, nous le répétons, nul n'y reconnaîtra
sa marchandise ni celle de son voisin.

www.ingramcontent.com/pod-product-compliance
Ingram Content Group UK Ltd.
Pitfield, Milton Keynes, MK11 3LW, UK
UKHW020030080726
13614UKWH00004B/1669